Kleine Bibliothek
Großer Persönlichkeiten

MARIE CURIE

© 2018 Laurence King Verlag GmbH
Jablonskistraße 27
10405 Berlin

www.laurencekingverlag.de

Redaktion: Chloe Pursey
Lektorat: Katherine Pitt
Gestaltung: Charlotte Bolton
Übersetzung: Bettina Eschenhagen, Hildesheim
Satz: Igor Divis, Dortmund
Projektleitung: Dr. Thomas Hauffe, Dortmund

ISBN: 978-3-96244-031-2
1. Auflage 2018
Printed in China

Kleine Bibliothek
Großer Persönlichkeiten

MARIE CURIE

Text
Isabel Thomas

Illustrationen
Anke Weckmann

Aus dem Englischen von Bettina Eschenhagen

Laurence King Verlag

m.c.

Was macht Marie Curie zu einer der weltweit berühmtesten Naturwissenschaftlerinnen und Naturwissenschaftler? Das versteht man, wenn man ihre eigenen Äußerungen liest:

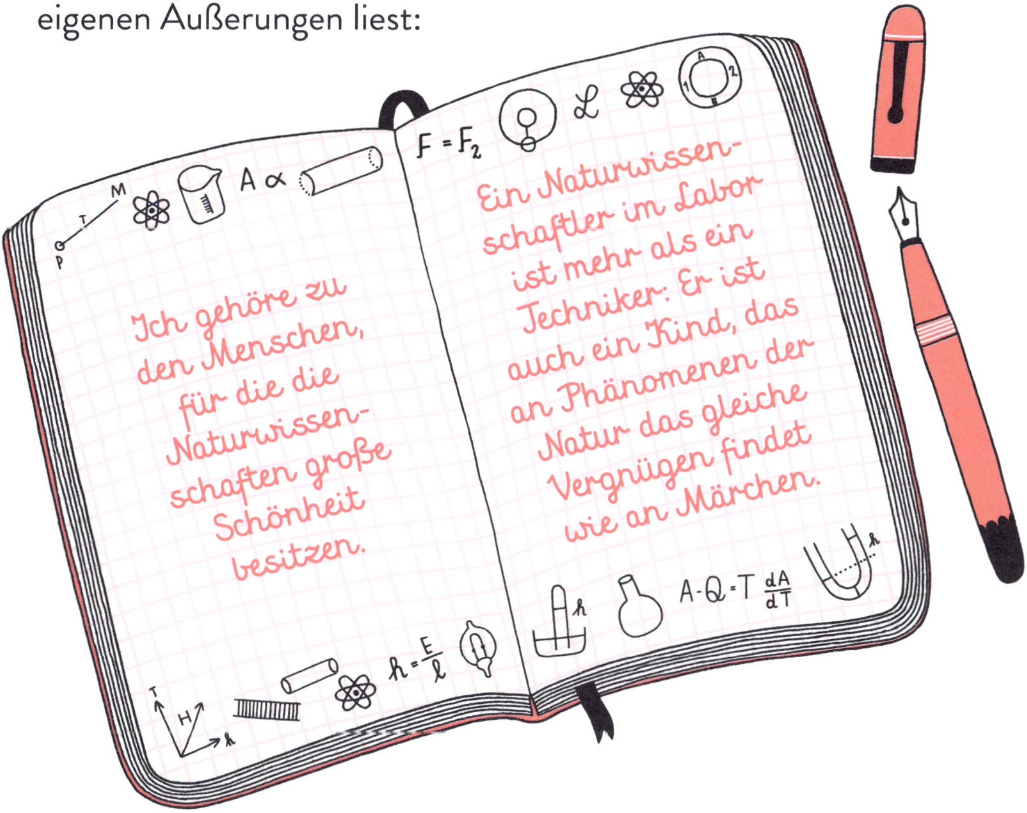

Maries Leben ähnelt einem Märchen – mit glücklichen und unglücklichen Zeiten, Kämpfen und Triumphen. Eine wichtige Rolle spielte ein Metall namens Radium: Es ist in Maries Geschichte zugleich der Held und der Bösewicht.

Marie wurde in Warschau in Polen geboren.
Sie war das jüngste von FÜNF Kindern.

Dr. Władysław Skłodowski
Lehrer für Mathe und Physik

Bronisława Skłodowska
Schulleiterin

Zosia

Joseph

Bronia

Hela

Maria
geboren am 7. November 1867

Alle Kinder lernten gern, aber das aufgeweckteste war Marie. Eines Tages ärgerte sich Bronia, weil sie einen Satz nicht entziffern konnte. Da sah Marie ihr über die Schulter und las den Satz laut vor. Ihre Eltern fielen aus allen Wolken, denn niemand hatte Marie das Lesen beigebracht.

Als Marie neun war, starb ihre Schwester Zosia an Typhus. Weniger als zwei Jahre später starb ihre Mutter an Tuberkulose. Danach war Marie lange furchtbar traurig, und ihr Vater verarmte mehr und mehr.

Als Marie auf die weiterführende Schule wechseln sollte, wurde sie unsicher. Sie lernte SO GERN, aber die Schulen waren in der Hand der russischen Regierung und sehr streng.

Maries Charakter aber entsprach ihrem wild gelockten Haar.

Glücklicherweise
unterstützte
Maries beste Freundin sie.

Sie war so gern bei Kazia zu Hause,
wo es teure Leckereien wie
Limonade und
Schokoladeneis gab!

Marie machte ihren Schulabschluss ein Jahr früher als die anderen und verbrachte dann ein Jahr auf dem Land, ohne Bücher und Lernen.

Mit 16 kehrte sie nach Warschau zurück. Sie war glücklicher als zuvor, aber eine große Sorge bedrückte sie.

Ihr Bruder Joseph hatte seine Ausbildung zum Arzt begonnen, aber als Polen unter russischer Herrschaft stand, durften Mädchen dort nicht studieren.
Marie blieben nur drei Möglichkeiten ...

Da erhielt sie eine ganz besondere Einladung ...

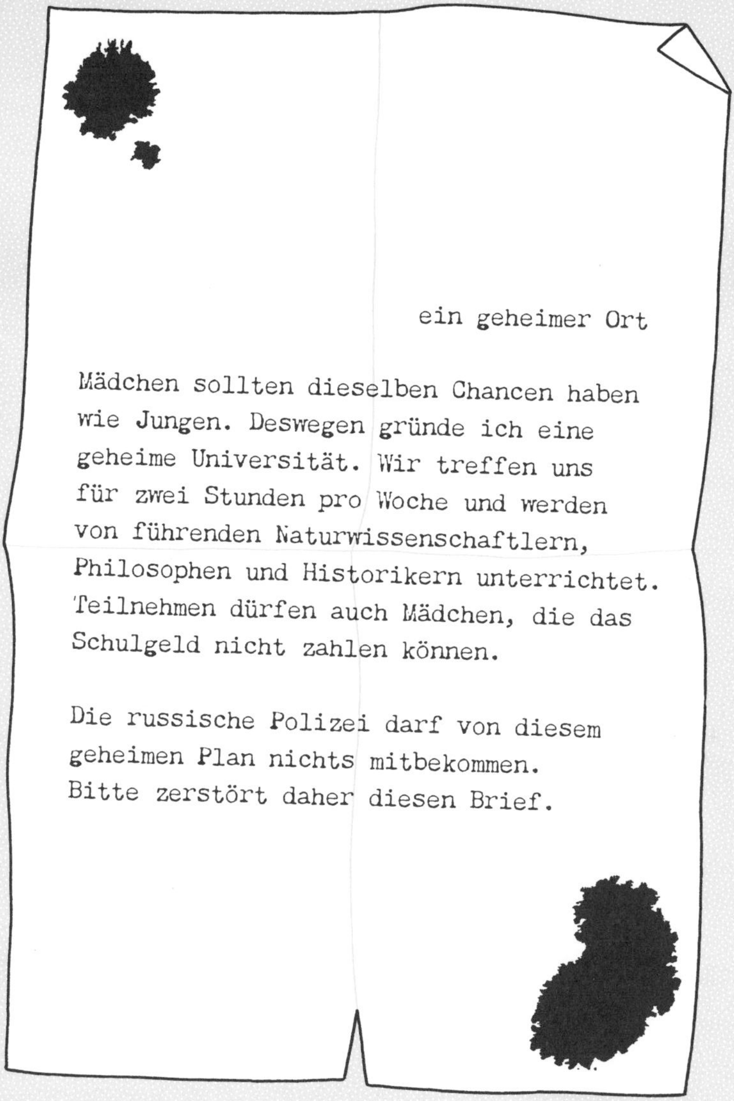

ein geheimer Ort

Mädchen sollten dieselben Chancen haben wie Jungen. Deswegen gründe ich eine geheime Universität. Wir treffen uns für zwei Stunden pro Woche und werden von führenden Naturwissenschaftlern, Philosophen und Historikern unterrichtet. Teilnehmen dürfen auch Mädchen, die das Schulgeld nicht zahlen können.

Die russische Polizei darf von diesem geheimen Plan nichts mitbekommen. Bitte zerstört daher diesen Brief.

1889 studierten an der „Fliegenden Universität" bereits 1000 Mädchen. Marie und ihre Schwester Bronia lernten mit großer Freude und wünschten sich sehnlich, ihr Studium im Ausland fortzusetzen, aber das war zu teuer.

Da hatte Marie eine Idee: Sie wollte als Lehrerin arbeiten und so viel Geld sparen, dass Bronia nach Paris gehen könnte. Wenn Bronia dann Ärztin wäre, würde Marie nachkommen.

Also wurde die 18-jährige Marie Hauslehrerin und zog in das große, schöne Haus ihrer Arbeitgeber. Ihr Plan ging auf: Bald hatte sie genug Geld gespart, dass Bronia nach Paris ziehen konnte. Aber Marie langweilte sich und war frustriert ...

„Und wann kann ICH auf die Universität gehen?"

ENDLICH kam der lang ersehnte Brief: Bronia und ihr Mann, die kürzlich geheiratet hatten, luden sie ein, bei ihnen in Paris zu leben.

1891 zog Marie nach Paris – mit allem, was sie besaß, sogar ihrer Matratze! Sie begann, an der weltberühmten Universität Sorbonne ihre Lieblingsfächer zu studieren: Physik und Mathematik.

Marie arbeitete so hart, dass sie oft vergaß, etwas zu essen (was sie sich aber sowieso kaum leisten konnte) ...

1894 lernte sie Pierre Curie kennen, einen hervorragenden Naturwissenschaftler, der an der Sorbonne arbeitete. Ein Jahr später heirateten sie.

Als Marie und Pierre mit ihren Fahrrädern in die Flitterwochen aufbrachen, ahnten sie nicht, dass sie die Welt verändern würden.

Marie war nun so weit, ihre Doktorarbeit in Angriff zu nehmen – ihr erstes Forschungsprojekt. Aber bevor Naturwissenschaftler sich auf die Suche nach Antworten machen, brauchen sie … Fragen!

Um herauszufinden, was in der Physik und der Chemie neu und spannend war, begann Marie, viel zu lesen und sich über die aktuellen Entdeckungen Notizen zu machen.

1896 war Röntgenstrahlung in aller Munde – geheimnisvolle, unsichtbare Wellen, die feste Materialien durchdringen und erstaunliche Fotos von Knochen machen!

Als Henri Becquerel herausfand, dass ein Metall namens Uran ebenfalls unsichtbare Strahlen abgibt, erregte das daher kaum Aufsehen. Röntgenstrahlen waren schließlich viel stärker. Marie aber packte die Neugier ...

„Die Frage war völlig neu und, was noch besser war: Niemand hatte etwas darüber veröffentlicht."

Marie beschloss, dieser Frage nachzugehen, und untersuchte zuerst sämtliche <u>Elemente</u>. Das sind die Bausteine von allem, was es auf der Erde gibt. Sie sind in einer übersichtlichen Tabelle angeordnet, dem <u>Periodensystem</u>.

Marie hatte Pech!
Aber sie gab nicht auf.

Als Nächstes untersuchte sie die Mineralien – die Steinbröckchen, die man in Naturkundemuseen sieht. Andere Naturwissenschaftler machten so etwas nicht. Schließlich waren Mineralien ja nur unterschiedliche Zusammensetzungen der Elemente, die Marie bereits analysiert hatte.
Sie untersuchte sogar Pechblende – das schwere, schwarze Gestein, das kleine Mengen Uran enthält.
Da erlebte sie eine große Überraschung ...

Marie staunte. Um auf Nummer sicher zu gehen, untersuchte sie zusammen mit Pierre die Pechblende wieder und wieder. Sie fand heraus, dass noch ein anderes Mineral unsichtbare Strahlen abgibt – eines, das kein Uran enthält.

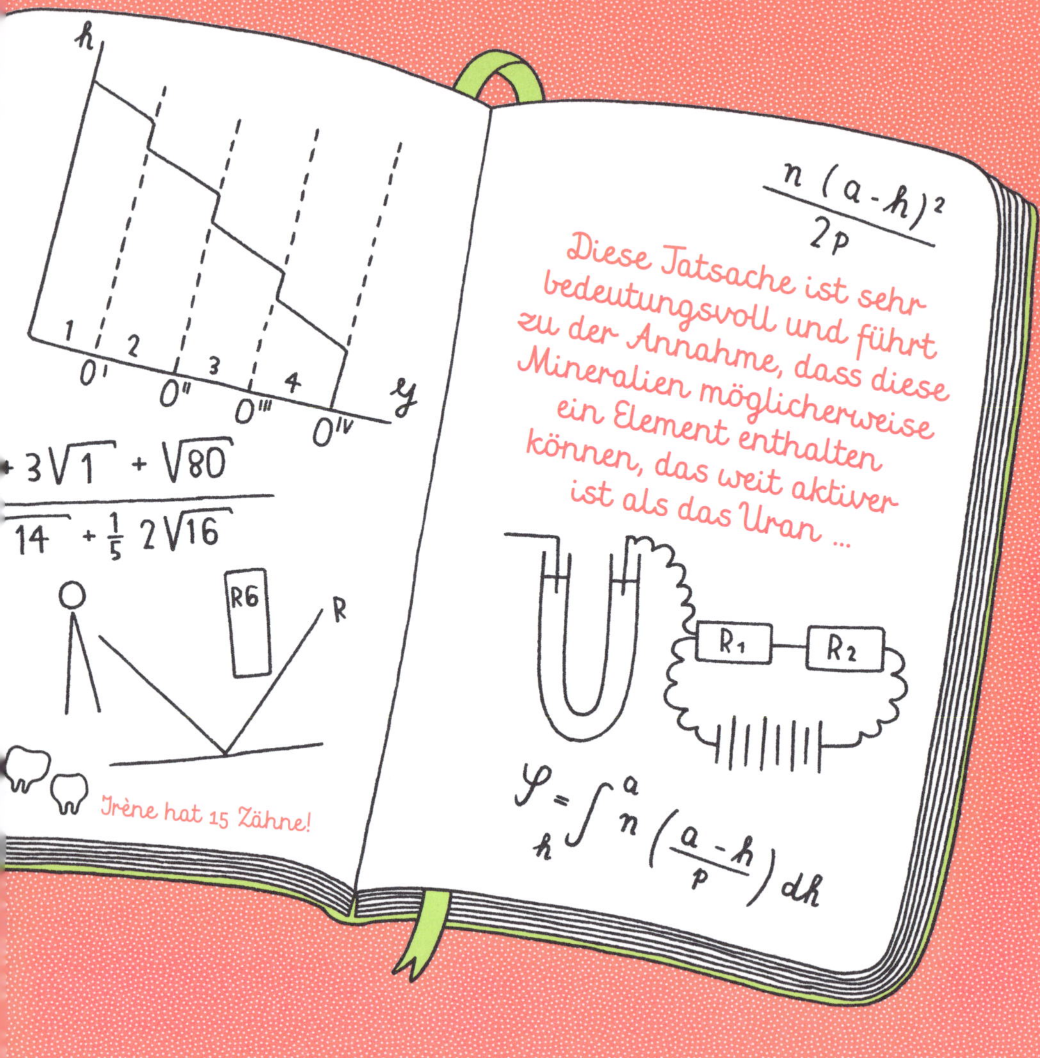

Marie war aufgeregt, denn Naturwissenschaftler lieben überraschende Entdeckungen und neue Fragestellungen. Einige Kollegen bezweifelten ihre Entdeckung jedoch.

Marie schrieb auch kurze Bemerkungen über ihr Baby Irène in ihr Tagebuch, direkt neben wissenschaftliche Notizen.

Um ihre Entdeckung zu beweisen, blieb ihr nichts anderes übrig, als das geheimnisvolle Element aus der Pechblende zu isolieren. Niemand kann die Existenz eines Elements in Zweifel ziehen, wenn er es anfassen kann!

Pierre gab seine eigene Forschung auf, um Marie zu unterstützen. Sie hatten sich ganz schön was vorgenommen.

ARGUMENTE DAGEGEN

Kein Geld (Pierre bekommt an der Sorbonne keine Professur und ist immer noch ein schlecht bezahlter Lehrer)

Kein Laboratorium – nur ein paar Holztische in einem eiskalten Zimmer

Volle Lehrerstellen, sodass wir nachts arbeiten müssten

Ein Baby (Irène) zu versorgen

Keine Hilfe

ARGUMENTE DAFÜR

Wir sind ZU GESPANNT, um aufzuhören!

Sie mahlten Pechblende
zu Pulver und lösten das Pulver
in Säure auf, um die einzelnen
Elemente voneinander zu trennen.
Übrig blieb ein schwarzes Pulver,
das 330 Mal stärker strahlte als Uran.

Marie dachte sich für diese verblüffende
Eigenschaft das Wort „radioaktiv" aus
und nannte das neu entdeckte
Element Polonium.

84
Po

*„Polonium (Po) nach Polen,
dem Land, in dem ich
zur Welt kam"*

Marie und Pierre stellten fest: Sogar die Flüssigkeit, die übrig bleibt, wenn man Polonium und Uran aus Pechblende isoliert, ist noch stark radioaktiv.

Das brachte sie auf die Vermutung, dass Pechblende eine winzige Menge eines WEITEREN, noch unbekannten Elements enthalten muss – das viel stärker radioaktiv ist als Polonium und Uran!

1898 machten sie ihre Entdeckung bekannt und nannten das neue Element „Radium“.

Während Pierre die Eigenschaften der Strahlen erforschte, beschloss Marie, das neue Metall zu isolieren. Dafür benötigte sie mehr Pechblende. VIEL mehr.

Pechblende war teuer, und Marie und Pierre waren arm. Daher kaufte Marie einer Fabrik, in der Pechblende Uran entzogen wurde, die Abfälle ab.

In der Fabrik ahnte niemand, dass dieser Staub etwas noch Kostbareres als Uran enthielt!

Marie machte sich daran, der Pechblende die winzigen Teilchen verborgenes Radium zu entziehen. Es war ein bisschen so, als wenn man Salzwasser kocht, um Salz zu gewinnen, nur viel, viel mühsamer!

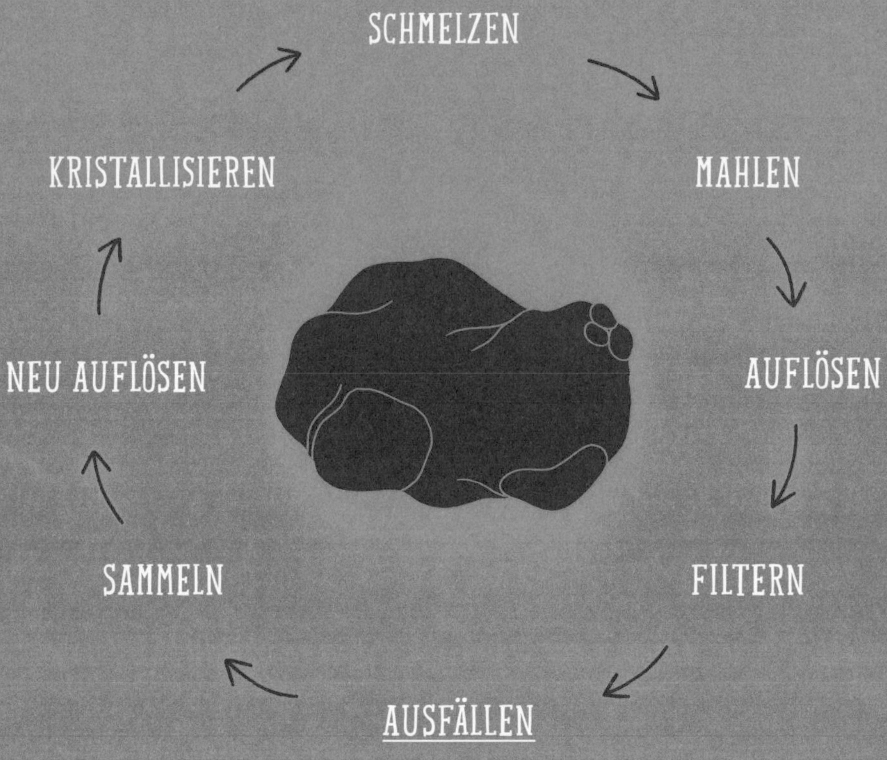

Das Schleppen der Behälter, das Wegschütten der Flüssigkeiten und das stundenlange Umrühren der kochenden Flüssigkeit in einer gusseisernen Wanne waren Schwerstarbeit. Und dann ging das Ganze wieder von vorn los!

Sie arbeiteten in einer zugigen Holzbaracke
mit klebrigem Teerboden, deren kaputtes
Glasdach die Wärme nicht hielt und
Regen durchließ.

Marie und Pierre fühlten sich bald krank
und erschöpft. Sie wussten nicht,
dass Strahlung gefährlich ist.

Marie kam ihrem Ziel näher und näher. Sie gewann Flüssigkeiten, die so radioaktiv waren, dass sie leuchteten.

„Wir freuten uns, wenn wir nachts in unsere Werkstatt gingen und um uns herum die Umrisse al

NACH DREI JAHREN war es so weit: 1902 hatte Marie aus zehn Tonnen Pechblende ein Milligramm Radium gewonnen!

Im Juni 1903 bekam Marie den Doktortitel in Physik verliehen – als erste Frau in ganz Europa.

Im selben Jahr wurde Marie, Pierre und Henri Becquerel für ihre Erforschung der Radioaktivität die höchste Auszeichnung der Welt auf ihrem Fachgebiet verliehen: der Nobelpreis für Physik.

Sie waren jetzt die Superstars der Naturwissenschaften.

Nun wollten alle wissen, wie man Radium gewinnt, und seine aufsehenerregenden Eigenschaften nutzen. Marie und Pierre hätten reich werden können, wenn sie Forschern und Firmen nur gegen Geld erlaubt hätten, die von ihnen entwickelte Methode anzuwenden.

Doch sie gaben ihr Wissen kostenlos weiter, sodass Ärzte Radium sofort nutzen konnten.

Zu Hause stapelten sich die Glückwunschtelegramme. Tausende von Zeitungsartikeln wurden geschrieben. Jeder wollte ein Foto von ihnen haben. Aber Marie und Pierre lag nicht an Geld und Ruhm. Sie wünschten sich nur genug Zeit und Platz für ihre Forschung.

Denn sie hatten ein neues Puzzle zu lösen.

Marie und Pierre wussten, dass eine andere Art von Strahlung – Licht – durch chemische Reaktionen in der Sonne ausgelöst wird …

… oder dadurch, dass ein Draht in einer Glühbirne sehr heiß wird.

Radium gibt jedoch Strahlung ab, ohne mit etwas anderem zu reagieren und ohne erhitzt worden zu sein.

Wo kommt diese geheimnisvolle Energie her?

1904 bekam Marie ihre erste bezahlte Stelle als Naturwissenschaftlerin: Sie wurde wissenschaftliche Leiterin des Laboratoriums, das Pierre führte. Und ihre zweite Tochter Ève wurde geboren.

Fast zwei Jahre betrieben Marie und Pierre ihre geliebte Forschung gemeinsam. Schließlich erhielt Pierre an der Sorbonne eine Professur.

An den Wochenenden machte die Familie Fahrradtouren aufs Land, unternahm Waldspaziergänge, jagte Schmetterlinge und pflückte Blumen.

Keiner ahnte, dass bald etwas Furchtbares passieren würde.

1906 wurde Pierre
an einem regnerischen
Morgen auf seinem
Weg zum Labor von
einem Pferdefuhrwerk
überfahren.

Er war
sofort tot.

Zuerst konnte Marie sich nicht vorstellen, je wieder zu arbeiten. Als man ihr jedoch anbot, ihre Stelle aufzugeben und von ihrer Witwenrente zu leben, entschied sie sich dagegen. Sie nahm sich fest vor, zu Ende zu führen, was sie gemeinsam begonnen hatten.

Marie übernahm Pierres Lehrtätigkeit, und 1908 wurde sie die erste Professorin in der Geschichte der Sorbonne.

Sie hielt Vorlesungen ab und leitete weiterhin das Labor, wo sie die Arbeit ihrer vielen Mitarbeiter überwachte.

Außerdem verfasste sie zahlreiche wichtige Aufsätze und Bücher. Ihr bekanntestes Werk erschien 1910.

1911 bekam Marie, wieder als Erste, einen ZWEITEN Nobelpreis, diesmal für Chemie! Vor ihr hatte noch niemand auf der ganzen Welt zwei Nobelpreise erhalten.

Und wieder berichteten alle Zeitungen über Marie, und wieder verfolgten Fotografen sie auf der Straße.

Aber jetzt machten die Journalisten sie schlecht. Marie stand inzwischen ihrem Kollegen Paul Langevin nahe, der mit einer anderen Frau verheiratet war. Das war ein Skandal, und so forderte das Nobelpreis-Komitee sie auf, zu Hause zu bleiben, statt den Preis persönlich entgegenzunehmen.

Aber Marie war das Gerede der Leute egal – sie fuhr trotzdem hin.

1914 freute Marie sich auf den Umzug in ein nagelneues Labor, das sie geplant hatte: das Radium-Institut an der Sorbonne.

Aber die Arbeit dort musste warten, weil der schlimmste Krieg ausbrach, den die Welt je erlebt hatte.

Marie bot sofort an, Frankreich nach Kräften zu helfen. Sie wusste ja eine Menge über Röntgenstrahlen, und so setzte sie sich dafür ein, dass möglichst viele französische Krankenhäuser Röntgengeräte bekamen.

Röntgenstrahlen hinterlassen auf Fotofilm einen „Schatten“.

Sie durchdringen Haut und Muskeln, aber nicht Metall.

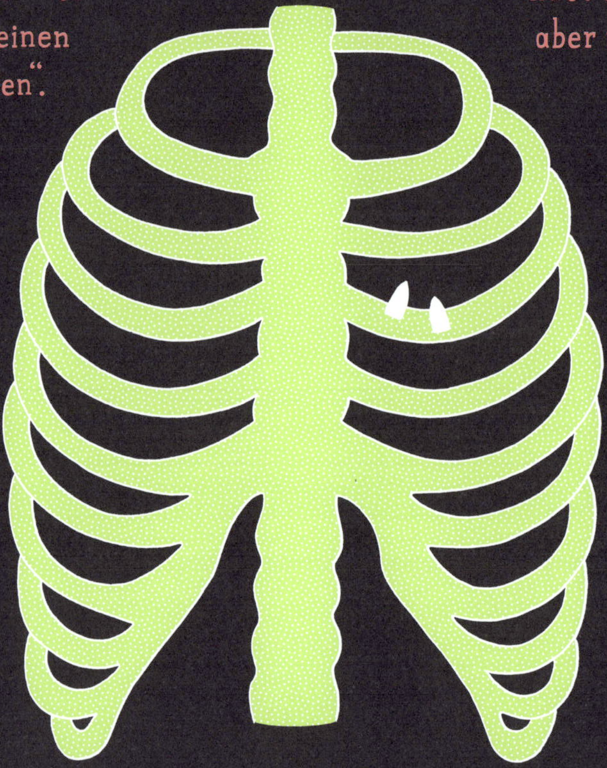

So konnten die Ärzte Gewehrkugeln und Granatsplitter entdecken und entfernen. Auf diese Weise konnten sie noch Schlimmeres verhindern.

Aber Marie war frustriert: Bis die Soldaten in ein Krankenhaus eingeliefert wurden, war es oft schon zu spät. Wenn Verletzungen früher entdeckt würden, könnten mehr Menschenleben gerettet werden.

Sie hatte eine verblüffende Idee: ein Fahrzeug mit eingebautem Röntgengerät, dessen Strom vom Kfz-Motor erzeugt wurde. Damit konnte man von Krankenhaus zu Krankenhaus fahren.

Aber Marie begnügte sich nicht mit einem Fahrzeug. Sie bat Leute in ganz Paris, Geld, Ausstattung und Fahrzeuge zu spenden. Man unterstützte die weltberühmte Wissenschaftlerin gern, und so hatte sie schon bald eine größere Zahl Röntgenwagen ausgerüstet, genannt die „Kleinen Curies“.

Und das erreichte Marie mit ihrem Einsatz:

Um Verletzte in Kampfgebieten zu röntgen, setzte Marie sich selbst ans Steuer. Der 17-jährigen Irène brachte sie bei, allein mit einem Röntgenwagen unterwegs zu sein.

Dank Marie hatte bald jedes Krankenhaus eine Röntgenabteilung – nicht nur im Krieg, sondern auch in Friedenszeiten.

Nach dem Krieg arbeitete Marie weiter als Forscherin, Dozentin und Leiterin ihres Labors am Radium-Institut. Sie stellte viele Frauen ein, darunter Irène.

Das Labor galt bald als einer der weltbesten Orte für die Erforschung radioaktiver Substanzen und ihrer Nutzung zur Behandlung von Krebs und anderen Krankheiten.

Maries Ruhm wuchs immer mehr, und man lud sie zu einer Rundfahrt durch die USA ein. Sie stand zwar nicht gern im Rampenlicht und scheute die lange Schiffsreise über den Atlantik, aber sie sagte zu. Denn bestimmt würde sie mit einer Menge Geld für ihre Forschung zurückkommen.

1921 schenkten die USA Marie ein Gramm reines Radium. Das war damals 100.000 Dollar wert. Das entspricht einem heutigen Geldwert von zwei Millionen Dollar! Weil Radium noch immer die einzige Quelle für starke Strahlung war, hing die Forschung im Labor davon ab. 1929 gaben die USA Marie das nötige Geld für ein zweites Gramm der kostbaren Substanz.

Viele der besten Physiker der Welt, darunter Albert Einstein, erforschten nun die gewaltigen Kräfte, die im Innern von Atomen herrschen.

Die Strahlung, die Radium abgibt, tötet kranke Zellen, kann aber auch gesunde Zellen schädigen.

Seit Marie und Pierre das Element 1898 entdeckt hatten, verwendete man es überall – nicht nur in der Medizin, sondern auch in der Herstellung von im Dunkeln leuchtenden Farben, Teddybär-Augen und Weihnachtsbaumlichtern, die angeblich sicherer waren als Kerzen.

Radium leuchtet so stark, dass man im Dunkeln lesen kann!

In den 1930er Jahren erkrankten und starben erstmals Leute, die mit Radium zu tun hatten, wie z.B. Fabrikarbeiter, die Radiumfarben verwendeten. Allmählich dämmerte der Welt, wie gefährlich radioaktive Substanzen sind.

Marie litt an der Strahlenkrankheit, ohne es zu wissen. Durch die jahrelange Arbeit mit radioaktiven Substanzen waren die Zellen in ihren Knochen geschädigt, die rote Blutkörperchen bilden. Am 4. Juli 1934 starb Marie mit nur 66 Jahren.

Zum Glück erlebte sie noch, dass einer ihrer größten Träume in Erfüllung ging – die Eröffnung des Radium-Instituts in Warschau, eines Zentrums für Krebsforschung und -behandlung. Finanziert wurde es durch Spenden, die Leitung hatte ihre Schwester Bronia.

Marie erlebte auch noch, dass Irène (und deren Mann Frédéric Joliot) künstliche Radioaktivität entwickelten – eine Leistung, für die die beiden einen Nobelpreis erhielten.

Wenn wir unedle Metalle wie Aluminium in radioaktive Substanzen umwandeln, können wir Radioaktivität nutzen, ohne nach den seltenen und gefährlichen radioaktiven Substanzen suchen zu müssen, die in der Natur vorkommen.

All das wäre undenkbar ohne Marie Curies Zielstrebigkeit und Engagement.

Marie hatte alle Eigenschaften, die große Naturwissenschaftler auszeichnen:

NEUGIERDE:
Sie schaute immer genau hin und ENTWICKELTE FRAGEN.

KREATIVITÄT:
Ihr Verstand stellte vollkommen neue VERKNÜPFUNGEN her.

STEHVERMÖGEN:
Sie MACHTE WEITER, selbst wenn es schwierig wurde.

Auch dank dieser drei Eigenschaften gelangen ihr Entdeckungen, die die Physik, die Chemie und die Medizin von Grund auf veränderten.

„… das Leben (ist)
für keinen von
uns leicht …
Doch was nützt das,
man muss Ausdauer
und insbesondere Selbst-
vertrauen haben.
Man muss daran glauben,
für eine bestimmte Sache
begabt zu sein, und diese
Sache muss man
erreichen …"

DAS ALLES VERDANKEN WIR MARIES ERSTAUNLICHEN ENTDECKUNGEN

MARIE FAND HERAUS, DASS ATOME RADIOAKTIV SIND.

Das brachte die ATOMFORSCHUNG voran …

… und führte zur Entstehung der KERNPHYSIK.

MARIE ISOLIERTE REINES RADIUM.

Mit Radium können KREBS und andere Krankheiten behandelt und sogar geheilt werden …

… weil die Strahlung, die es abgibt, KRANKE ZELLEN ZERSTÖREN kann.

Die Strahlung konnte auch zur STERILISATION von Krankenhausgeräten genutzt werden und verhinderte so die Ausbreitung von Keimen.

Die „Curie-Therapie“ war die Grundlage der heutigen STRAHLENTHERAPIE.

MARIE ERFAND EINE METHODE ZUR MESSUNG DER STRAHLUNGSSTÄRKE.

So können heute Paläontologen und Archäologen anhand der KARBONDATIERUNG das Alter von Objekten bestimmen ...

... und Geologen und Historiker können das ALTER VON GESTEINEN UND ERDE schätzen.

IN MARIES RADIUM-INSTITUT WURDE DIE KÜNSTLICHE RADIOAKTIVITÄT ENTWICKELT.

Dies machte die Verwendung RADIOAKTIVER Stoffe sicherer.

Heute können Ärzte mit Hilfe RADIOAKTIVER MARKIERUNGS-ELEMENTE in den Körper hineinschauen, ohne ihn aufzuschneiden. So erforschen und diagnostizieren sie verschiedene ERKRANKUNGEN, z.B. des GEHIRNS.

Zeitleiste

1867
Am 7. November wird Maria Skłodowska in Warschau in Polen geboren.

1880er Jahre
Maria und ihre Schwester Bronia belegen Kurse an der „Fliegenden Universität“ von Warschau.

1886
Maria wird in der Familie Szczuki Hauslehrerin.

1897
Maries und Pierres Tochter Irène wird geboren.

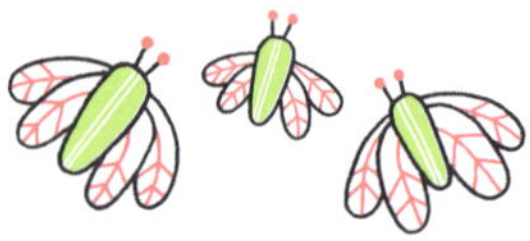

1898
Die Curies geben die Entdeckung von zwei Elementen bekannt, Radium und Polonium.

1903
Marie bekommt als erste Frau in Europa den Doktortitel in Physik.

Im selben Jahr werden Henri Becquerel, Marie und Pierre mit dem Nobelpreis für Physik ausgezeichnet.

1910
Die Originalausgabe von *Die Radioaktivität* erscheint.

1911
Marie erhält einen zweiten Nobelpreis, diesmal für Chemie. Sie ist bis heute die einzige Frau mit zwei Nobelpreisen.

1914
Marie bezieht das Radium-Institut an der Sorbonne ...

1930er Jahre
Es gibt erste Hinweise auf die schädliche Wirkung von Strahlung.

1932
Das Radium-Institut in Warschau in Polen wird eröffnet.

1934
Am 4. Juli stirbt Marie mit 66 an der Strahlenkrankheit.

1891
Maria geht nach Frankreich, um an der Pariser Sorbonne Physik und Mathematik zu studieren. Sie nennt sich von nun an „Marie“.

1895
Marie und Pierre Curie heiraten.

1896
Henri Becquerel findet heraus, dass Uran unsichtbare Strahlung abgibt. Diese Entdeckung treibt Maries Forschung voran.

1904
Marie wird Leiterin von Pierres Labor; es ist ihre erste bezahlte Stelle als Wissenschaftlerin!

Maries und Pierres zweite Tochter Ève wird geboren.

1906
Pierre stirbt bei einem Verkehrsunfall.

1908
Marie wird Physikprofessorin an der Sorbonne. Sie ist die erste Professorin in der Geschichte der Sorbonne.

1914
... aber wegen des Ersten Weltkriegs kann sie dort nicht arbeiten. Sie will verwundeten Soldaten helfen und stattet Wagen mit Röntgengeräten aus.

1918
Nach dem Krieg erforscht Marie am Radium-Institut weiter radioaktive Substanzen.

1921
Marie reist durch die USA, um Spenden für ihre Forschung zu sammeln.

Heute
Die Strahlentherapie ist nach wie vor ein wichtiger Bestandteil der Krebsbehandlung.

Maries Notizbücher sind noch immer so radioaktiv, dass sie in Kästen mit Bleieinlage liegen müssen!

Marie Curie

Glossar

Archäologie Die Erforschung der Menschheitsgeschichte durch Ausgrabung wichtiger Stätten. Die Objekte, die Archäologen finden, geben Aufschluss über die Menschen, die teils vor Jahrtausenden dort gelebt haben.

Atom Die kleinste Einheit eines chemischen Elements. Es besteht aus Elektronen, Protonen und Neutronen, den sogenannten subatomaren Partikeln.

auflösen Wenn man eine feste Substanz in eine Flüssigkeit gibt, entsteht eine Lösung. Du kannst z.B. Zucker in Tee auflösen.

ausfällen Herstellen eines nichtlöslichen Festkörpers aus einer Flüssiglösung.

Chemie Die Naturwissenschaft von den Stoffen (Atome, Gase, Elemente usw.) und deren Wechselwirkungen.

Doktor Der höchste Titel, den eine Universität verleiht.

Elektron Ein elektrisch negativ geladenes Elementarteilchen. Atome sind an sich elektrisch neutral. Bei Aufnahme eines Elektrons nehmen sie eine positive Ladung und bei Abgabe eines Elektrons eine negative Ladung an.

Element Mit chemischen Mitteln nicht weiter zerlegbarer Stoff. Es gibt 92 in der Natur vorkommende Elemente, z.B. Aluminium, Gold und Helium; 26 wurden in Laboren hergestellt; insgesamt existieren also 118 Elemente.

Geologie Wissenschaft von der Entstehung, Entwicklung und Veränderung der Erde durch die Untersuchung des Gesteins und des Erdbodens.

Karbondatierung Bestimmung des Alters eines Objekts, indem man die Menge des enthaltenen radioaktiven Kohlenstoffs misst. Das ist möglich, weil Kohlenstoff in regelmäßigen Abständen Neutronen verliert.

Kernphysik Wissenschaft von den Atomen und ihrem Aufbau aus Protonen und Elektronen.

Neutron Elementarteilchen im Kern aller Atome außer dem des Wasserstoffatoms. Neutronen sind elektrisch neutral.

Nobelpreis Eine Reihe von Auszeichnungen, die jedes Jahr für herausragende Leistungen in Naturwissenschaft, Medizin, Literatur u.a. verliehen werden. Er wurde 1895 von dem schwedischen Erfinder Alfred Nobel begründet.

Paläontologie Wissenschaft, in der Versteinerungen und andere Zeugnisse untersucht werden, die über 10.000 oder sogar Millionen Jahre lang in Gestein oder Erdboden erhalten geblieben sind.

Pechblende Ein schwarzes Mineral, das Radium enthält.

Periodensystem Tabelle der 118 (bisher) bekannten chemischen Elemente in der Reihenfolge ihrer Atomzahlen. Elemente mit ähnlichen Eigenschaften, wie z.B. die Metalle, stehen zusammen.

Physik Die Naturwissenschaft von der Materie und der Energie sowie den Wechselwirkungen zwischen beiden.

Polonium Radioaktives metallisches Element mit dem Symbol Po und der Atomzahl 84. Es wird durch Aufarbeitung von Uran gewonnen.

Proton Elementarteilchen im Atomkern. Protonen haben eine positive elektrische Ladung, die der negativen Ladung eines Elektrons entspricht. Die Atomzahl eines chemischen Elements beruht auf der Zahl der Protonen in seinen Atomen und bestimmt über seine Stelle im Periodensystem.

radioaktiv ist etwas, das Strahlung aufweist oder erzeugt. Radioaktivität wird in der Einheit „Curie" gemessen (nach Marie und Pierre).

Radiowelle Eine Art von elektromagnetischer Strahlung, die meist für die Übertragung von Rundfunk- und Fernsehsignalen genutzt wird.

Radium Metallisches chemisches Element mit dem Symbol Ra und der Atomzahl 88. Es ist stark radioaktiv und in Pechblende enthalten.

Röntgenstrahlung Elektromagnetische Wellen, die bestimmte feste Materialien wie die Haut und die Muskeln durchdringen und auf Fotofilm einen Schatten hinterlassen.

Sterilisation Entfernung aller Keime und Bakterien von einem Gegenstand oder aus einer Substanz.

Strahlentherapie Die Behandlung von Krankheiten mit Hilfe von Strahlung.

Strahlung Eine Form von Energie, die Strahlen, Wellen oder Partikel abgibt.

Uran Chemisches Element mit dem Symbol U und der Atomzahl 92; ein hoch radioaktives, silbrig-weißes Metall.

Register

Bild- und Textnachweis

Abdruck des Fotos von Marie Curie auf Seite 61 mit freundlicher Genehmigung der Library of Congress, Washington, D.C.

Zitate von Marie Curie auf S. 20, 21 und 57 nach: Eve Curie: *Madame Curie. Eine Biographie* (aus dem Französischen von Maria Giustiniani, Frankfurt am Main: Fischer Taschenbuch Verlag, 27. Aufl., 2007)